En marchant à travers la jungle

Walking through the Jungle

Mantra Lingua
Global House
303 Ballards Lane
London N12 8NP
www.mantralingua.com

Text copyright © 1997 by Barefoot Books
Illustrations copyright © 1997 by Debbie Harter
Dual Language Text copyright © 2001 by Mantra Lingua
The moral right of Debbie Harter to be identified as the illustrator
of this work has been asserted

First published in Great Britain in 1997 by Barefoot Books Ltd
First dual language edition published in 2001 by Mantra Lingua
This edition published in 2020

Printed in Paola, Malta MP190220PB04208362

En marchant à travers la jungle

Walking through the Jungle

Illustrated by Debbie Harter

French translation by Annie Arnold

En marchant à travers la jungle,

Walking through the jungle,

Qu'est-ce que tu vois?

What do you see?

Je crois voir un lion,
qui me pourchasse.

En flottant sur l'océan,

Floating on the ocean,

Qu'est-ce que tu vois?

What do you see?

Je crois voir une baleine,
qui me pourchasse.

En grimpant dans les montagnes,

Climbing in the mountains,

Qu'est-ce que tu vois?

What do you see?

Qu'est-ce que tu vois?

What do you see?

Je crois voir un crocodile,
qui me pourchasse.

En voyageant dans le désert,

Trekking in the desert,

Qu'est-ce que tu vois?

What do you see?

Je crois voir un serpent,
qui me pourchasse.

En glissant sur l'iceberg,

Slipping on the iceberg,

Qu'est-ce que tu vois?

What do you see?

Je crois voir
un ours polaire,
qui me pourchasse.

En courant à la maison pour le dîner,

Running home for supper,

Où étais-tu?

Where have you been?

J'ai fait le tour du monde.

I've been around the world and back,

Et devine ce que j'ai vu...

And guess what I have seen.